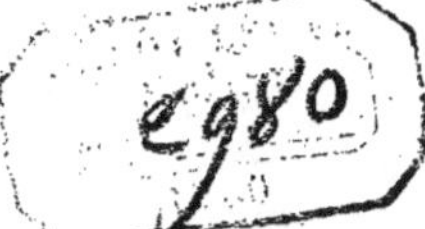

DANIEL

OU

LE FESTIN DE BALTHAZAR

OPÉRA EN CINQ ACTES

PAROLES DE M. CH. DORCHIES

MUSIQUE DE ***

PARIS

IMPRIMÉ PAR E. THUNOT ET C*,

RUE RACINE, 26.

—

1860

DANIEL

ou

LE FESTIN DE BALTHAZAR

OPÉRA EN CINQ ACTES.

PERSONNAGES.

DANIEL, le prophète.
BALTHAZAR, roi de Babylone.
EUPATOR, son favori, son ministre.
LE JEUNE PRINCE LABDONITH, fils du roi.
OFFICIERS ET GARDES; JUIFS ET JUIVES EN CAPTIVITÉ.
RACHEL, Juive, sœur de Sara.
SARA, sœur de Rachel.

(La scène se passe devant Jérusalem, puis à Babylone.)

ACTE PREMIER.

Le camp des Babyloniens et la tente du roi Nabuchodonosor. Au fond, on aperçoit une ville prise d'assaut.
Chants et cris des soldats victorieux.

CHŒUR.

A sac, à sac!
Ville infâme et maudite
Sois à jamais détruite.
A sac! à sac! à sac!!
Poursuivons la vengeance,
Exterminons l'engeance
Des enfants d'Isaac.
A sac! à sac! à sac!!

(*Les soldats s'éloignent. — Un groupe de cavaliers passe et l'un d'eux emporte dans ses bras une jeune femme; ils s'enfoncent au désert.*)

CHANGEMENT A VUE.

Une grande plaine de la Judée et des ruines dans le fond.
Une vaste chaussée; il fait encore nuit.

SCÈNE I.

RACHEL, *seule; elle s'avance avec précaution.*

RÉCITATIF.

Où suis-je? un songe affreux a-t-il troublé mes sens,
Et d'où vient cet effroi qu'en mon cœur je ressens?

L'épouvantable nuit!... nuit de mort, de pillage,
Où partout l'incendie éclairait le carnage!

Mais, affreuse pensée! ô mon père! ô douleur!
Mon vieux père et Sara, Sara ma jeune sœur,
Qu'êtes-vous devenus?.....

Sur eux quand j'aurais dû veiller
A cette heure suprême,
Enfant, j'étais à sommeiller
Ne songeant qu'à moi-même.

AIR.

Je rêvais!... et sans agir
Je pressais sa main timide,
Et sous son regard humide
Je sentais mon front rougir.

Mais! mais!.....

C'était une erreur, un beau songe;
Il ignore un amour trompeur,
Et mon rêve n'est qu'un mensonge,
Que sans doute un espoir flatteur

Seul nourrit et prolonge,
Et mon bonheur
N'était qu'un songe !
Oui, mon bonheur
N'était qu'un songe ! !...

Puis la foule au temple s'arrête :
Ce sont deux époux qu'on unit,
Quel beau moment pour eux s'apprête...
Déjà le prêtre les bénit.
Sous son voile blanc l'épousée,
Frémissante d'orgueil et d'amour enivrée,
Devant tous a redit le serment solennel !...

Lui, l'époux, c'était Daniel,
Mais ma sœur, dans ma pensée,
N'était pas la fiancée
Qu'il conduisait à l'autel.

Mais ! mais ! !....

C'était une erreur, un beau songe ;
Il ignore un amour menteur,
Et mon rêve n'est qu'un mensonge
Que sans doute un espoir flatteur
Seul nourrit et prolonge,
Et mon bonheur
N'était qu'un songe ;
Oui, mon bonheur
N'était qu'un songe !

Faut-il croire, ô Daniel?... Daniel ! quelle espérance?
Ou ne fais-je encor que rêver :
Aurait-il deviné mon amour, ma souffrance?   [rance.
On vient... c'est lui... mon cœur, allons, plus d'assu-

(*En voyant la stupeur de Daniel qui croyait avoir enlevé sa sœur*).

Non, c'est ma sœur qu'il a voulu sauver.

SCÈNE II.

RACHEL, DANIEL.

ENSEMBLE.

RACHEL.

Expions sans mot dire
Un coupable délire ;
Du sort, pauvre martyre,
Reconnais le pouvoir :
Cachons bien ma tristesse,
Mon amour, ma faiblesse,
Et du coup qui me blesse
Ah ! ne laissons rien voir.

DANIEL.

Expions sans mot dire
Un coupable délire ;
Mais je puis te maudire
Du sort cruel pouvoir !

Cachons bien ma tristesse,
Mon amour, ma faiblesse,
Et du coup qui me blesse
Ah ! ne laissons rien voir.

RÉCITATIF.

RACHEL.

C'est vous, Daniel!... j'ai peur de parler... mais, que
De mes sens abusé sest ce encore un prestige ? (dis-je?
Et ces pleurs dans vos yeux?... et ce déguisement?...

DANIEL.

Des soldats assyriens j'ai pris l'habillement
Dans un bien triste espoir.

RACHEL.

Ciel !

DANIEL.

Après notre fuite,
J'ai voulu pénétrer dans la ville détruite
Et j'ai voulu savoir jusqu'au bout mon malheur.

RACHEL.

Sara ?... mon père ?

DANIEL.

Hélas ! vous voyez ma douleur.

RACHEL.

Quoi ! se pourrait-il?... morts!...

DANIEL.

Pis encor... l'esclavage !

RACHEL.

Mon père dans l'exil !... vieux, accablé par l'âge,
Mais qui le soignera?... délire, affreux tourment!
Ciel, tu vois ma douleur et mon égarement!...

REPRISE DE L'ENSEMBLE.

RACHEL.

Expions sans mot dire
Un coupable délire, etc.

DANIEL.

Expions sans mot dire
Un coupable délire, etc

DUO.

RACHEL.

(*A part.*)
Je ne vous verrai plus, Daniel, adieu!... j'expire.

DANIEL.

Où courez-vous?

RACHEL.

Sauver mon père...

DANIEL.

Ah ! quel délire !...
Et comment?...

RACHEL.

M'échanger!... je suis forte et mes bras
Sentiront moins le poids des fers.

DANIEL.

N'y songez pas.

RACHEL.

Alors, ma sœur du moins!...

DANIEL, *tristement.*

Hélas! pauvre victime!

RACHEL.

Soyez heureux...

DANIEL, *vivement.*

Non, non!... non ce serait un crime;
Ils vous prendront tous trois.

RACHEL.

Qu'importe!

DANIEL.

C'est la mort.

RACHEL.

Eh bien, tant mieux! mourir... ou partager leur sort!

REPRISE DE L'ENSEMBLE.

RACHEL.

Puisqu'il n'est dans la vie
Plus rien qui me convie,
Le destin que j'envie
C'est de ne plus souffrir,
D'oublier ma misère,
Et puis, sur cette terre,
Je n'aurai plus à faire
Qu'un vœu, c'est de mourir!

DANIEL.

Il n'était dans la vie
Qu'un bien qui fit envie
A mon âme ravie...
Ange, et tu vas souffrir
L'exil et la misère.
Pour moi, sur cette terre,
Ah! je n'ai plus à faire
Qu'un vœu, c'est de mourir!

(Rachel sort.)

SCÈNE III.

DANIEL, *seul.*

Va, cours, va te livrer, ô sainte et noble fille!
Va, mes vœux te suivront... Hélas! pauvre famille,
Avec vous je vivais. En vous perdant, je meurs.
Sara, ma bien-aimée!... Ah! oui, coulez, mes pleurs.

AIR.

Au loin, loin du foyer, dans un cruel servage,
L'enfant et le vieillard suivront nos oppresseurs;
Ma timide colombe, aux mains des ravisseurs,
Que vas-tu devenir?... Hélas! dans l'esclavage
Le cœur doit oublier, le cœur doit se flétrir,
Et tu n'emporteras sur la terre étrangère
Pas même un souvenir, image passagère,
Qui te parle de moi, de moi qui vais mourir!

Mon âme va quitter la terre
Où pour elle il n'est plus d'espoir;

Mon seul regret, en ma misère,
C'est de mourir sans la revoir.

Pour un homme, pour un cœur brave,
Son fer est un dernier recours.
S'il ne veut pas vivre en esclave,
Le fer alors tranche ses jours! *(bis.)*

(Il tire son poignard, lorsque des Israélites, ses compagnons, accourent et veulent l'entraîner: ils ont vu les Babyloniens se dirigeant de ce côté et emmenant en captivité tous ceux qu'ils ont voulu prendre.)

SCÈNE IV.

DANIEL, ISRAÉLITES.

CHŒUR.

Ils viennent! devant eux fuyons!
Ils viennent! pressés, innombrables,
Comme dans nos déserts les sable
Que soulèvent les aquilons!
Ils viennent! devant eux fuyons!

LE CHŒUR.

Daniel!...

DANIEL.

Partez, frères, je reste.

LE CHŒUR.

Ah! quel délire!

(Le pressant.)

Daniel!...

DANIEL.

Un seul espoir me reste.

LE CHŒUR.

Ah! quel délire!

Viens, fuyons!...

DANIEL.

Mais celle que j'adore.

LE CHŒUR.

Viens, fuyons!

DANIEL.

Je veux la voir encore.

LE CHŒUR.

Daniel!...

DANIEL.

Non, non, je reste.

LE CHŒUR.

Avec nous aux déserts,
Viens, ils te donneraient peut-être aussi des fers!

DANIEL, *inspiré.*

Des fers!... oui, des fers... Oui, je les veux suivre.
Quels chants! quelle harmonie et me trouble et m'enivre!
A mes transports, oui, je me livre;
Le Dieu du ciel, je l'entends, je le vois:
Il fait un geste, et ce geste à la fois
Semble me commander de vivre.

Oui, je vivrai, oui, je veux vivre !
Il m'ordonne aussi de les suivre :
Entre mes mains tu mets le cœur des rois,
Dieu d'Israël ! et ton peuple, à ma voix,
    Reste fidèle et doit survivre
        A ses revers.
        Oui, je veux vivre
        Et les suivre
        Dans les fers !

REPRISE DU CHŒUR.

Ils viennent ! devant eux fuyons !
Ils viennent ! pressés, innombrables,
Comme dans nos déserts les sables
Que soulèvent les aquilons :
Ils viennent ! devant eux fuyons !

(On entend le hennissement des chevaux et le son des trompettes. — Les Juifs laissent Daniel.)

SCÈNE V.

DANIEL, RACHEL, SARA, leur Père, Suivants et Suivantes.

(Tout le cortége défile. — Marche guerrière. — Soldats, prisonniers, dépouilles, vases sacrés. — L'arche devant laquelle dansent des courtisanes.)

(Daniel, resté seul, se cache un instant et examine jusqu'à ce qu'il ait découvert Rachel, son père et sa sœur parmi les prisonniers. — L'apercevant aussi, ils accourent et l'embrassent.)

Daniel !...

DANIEL.

Mon père !
            Ici pourquoi te voir ?
Sara ! Rachel ! bonheur de se revoir !

QUATUOR accompagné par la marche.

DANIEL.

Non, je ne vous quitte plus ;
De moi-même je me livre ;
Dans l'exil je veux vous suivre :
Non, je ne vous quitte plus !

LES AUTRES.

Hélas ! nos vœux sont superflus ;
C'est de lui-même qu'il se livre,
Et dans l'exil il veut nous suivre ;
Hélas ! nos vœux sont superflus.

(Le cortége défile toujours. — Char du roi et de ses femmes. — Nabuchodonosor s'informe.)

DANIEL.

O roi ! je veux suivre dans l'esclavage
Ce vieillard et mes compagnons.
Je te jure un fidèle hommage ;
Accorde, et nous te bénirons !...

(Nabuchodonosor fait un signe ; le cortége se remet en marche. — La toile tombe.)

FIN DU PREMIER ACTE.

ACTE SECOND.

Une vaste salle où sont réunies des familles juives en captivité; de jeunes filles qui s'apprêtent à reprendre leurs travaux quotidiens; des matrones et des vieillards.

SCÈNE I.

DANIEL, SARA, RACHEL, LEUR PÈRE, ETC.

CHŒUR. PRIÈRE.

Dieu des Juifs, Dieu tout-puissant,
 Écoute nos prières;
Rends à ton peuple gémissant,
 Rends le toit de ses pères.
De l'impie et des méchants
 Détourne la colère :
O Dieu! protége tes enfants,
 Soulage leur misère.

(Daniel s'éloigne à la fin de cette prière.)

LE PÈRE.

Tu sors, Daniel?...

DANIEL.

Pour bientôt revenir.

LE PÈRE.

Va, mon cher fils...

DANIEL.

Vous pouvez me bénir!

(Il s'agenouille.)

RACHEL, *s'appuyant sur l'épaule de sa sœur pendant que le vieillard donne sa bénédiction; avec un soupir.*

Il s'éloigne!...

DANIEL.

Merci, mon père!
Au revoir, mes amis
A mon retour ici j'espère
Vous trouver encor réunis.

(Il sort.)

RACHEL, *tristement.*

Quand il n'est plus là, comment faire
Pour charmer mes ennuis?...

(On se met au travail, Sara, sa sœur et ses compagnes font des paniers ou de la tapisserie, tandis que les matrones filent et que les vieillards restent plongés dans leurs souvenirs. — Rachel charme les ennuis de l'esclavage en chantant sur son luth le souvenir de la patrie.)

CANTIQUE.

RACHEL.

Sion! pauvre terre abaissée,

De ta cendre au vent dispersée
Ressuscite à notre pensée
Plus belle par le souvenir :
Je te revois, belle patrie,
Comme aux temps où forte et chérie
Tu commandais à la Syrie
Confiante dans l'avenir !

CHŒUR.

Ton noble front rayonne,
 Sion, et ta couronne
Resplendit au plus haut des cieux ;
 Ton nom remplit la terre
 Et la vive lumière
De ton règne éblouit les yeux.

RACHEL.

Mais du Seigneur la fiancée
Sous le poids des fers affaissée
Gémit tristement délaissée
Dans l'opprobre et le désespoir :
(Avec exaltation.)
 Cependant je la vois plus belle
 Et son Dieu prenant pitié d'elle
 Lui donne une gloire nouvelle,
 Sur le monde étend son pouvoir.

CHŒUR.

Ton noble front rayonne,
 Sion, et ta couronne
Resplendit au plus haut des cieux ;
 Ton nom remplit la terre
 Et la vive lumière
De ton règne éblouit les yeux.

SCÈNE II.

LES PRÉCÉDENTS, DANIEL. *Il arrive pâle, égaré, les cheveux en désordre ; derrière lui de jeunes hommes.)*

DANIEL.

Vous chantez, pauvres jeunes filles,
Et bientôt ici l'on viendra
Porter le deuil dans vos familles ;
A vos mères on vous prendra!

(Effroi, stupéfaction.)

RÉCITATIF.

RACHEL.

Qu'est-ce ? parlez, Daniel...

DANIEL.

                    Près de l'un de nos frères
Je me rendais... soudain... dans nos rues solitaires,
Je remarque un grand trouble et des groupes nombreux ;
Je m'approche... et d'abord, je n'en crois pas mes yeux.

AIR.

        Une affiche, un placard,
        Insultante ironie,
    « Par ordre du roi Balthazar,
        « A la race ennemie
    « Des Juifs, qui par hasard,
    « Auraient fille ou femme jolie,
        « Ordonne sans retard
    « De les conduire » — ah ! c'est folie ! —
        « Dans le palais du roi ! ! !... »

        (Avec ironie.)

        Là vous pourrez la vendre
        Pour de l'or, oui, ma foi,
Sinon le roi tyran chez vous les fera prendre !
Et celle dont la vue éveille ses désirs
Peut sans doute espérer servir à ses plaisirs !

CHŒUR DES FEMMES.

        O sort funeste !
        Aucun espoir ne reste,
        Et du ciel le courroux
        S'appesantit sur nous.

DANIEL.

J'avais d'abord, dans ma colère,
Souillé l'édit injurieux,
Puis à mes pieds, dans la poussière,
Je l'avais foulé furieux ;
        Mais bientôt la populace
S'irrite et gronde... elle menace,
Appelant sur les Juifs, la vengeance et la mort ;
Je m'élance !...

RACHEL.

        Mon sang se glace,

DANIEL.

On me poursuit...

TOUS.

        O triste sort !

DANIEL.

Ne craignez rien ... ils ont perdu ma trace.

CHŒUR DES FEMMES.

        O sort funeste !
        Aucun espoir ne reste,
        Et du ciel le courroux
        S'appesantit sur nous.

RACHEL.

O ciel ! de ta clémence
J'implore le secours.

SARA.

Il n'est plus d'espérance...

RACHEL.

Je tremble pour ses jours.

DANIEL.

Voilà la justice des rois !
De dix d'entre vous il fait choix.

CHŒUR DES HOMMES.

Balthazar, malgré ta puissance,
Tu sais qu'il est un Dieu vengeur,
Et le jour de la délivrance
Peut luire... alors, à toi malheur ! !
Elles tomberont ces murailles
Où tu te crois en sûreté ;
Crains le grand jour des représailles,
Le ciel justement irrité !

*(On entend un grand bruit au dehors, puis on
    frappe à la porte. — Daniel va ouvrir.)*

DANIEL.

C'est lui, Balthazar en personne :
Je m'en doutais. Mon sang bouillonne
De colère ; contenons-nous.
Vous, mes enfants... Ah ! je frissonne,
Priez le Seigneur !... A genoux ! !

SCÈNE III.

LES PRÉCÉDENTS, puis BALTHAZAR et sa suite.

CHŒUR DES JUIFS à genoux.

*(Pendant ce temps le roi entre suivi de ses confi-
    dents et de ses gardes.)*

        Dieu des Juifs, ô Dieu puissant !
        Ecoute nos prières ;
    Rends à ton peuple gémissant,
    Rends le toit de ses pères.
        De l'impie et des méchants
        Détourne la colère ;
    O Dieu ! protége tes enfants,
        Termine leur misère.

*(Pendant qu'elles chantent, Balthazar les exa-
    mine toutes. — Son étonnement à la vue de Sara.
    Il ne la quitte pas des yeux. — A la fin de
    la prière, il chante.)*

        LE ROI, à Eupator son favori.
        Quelle candeur, quelle innocence !
        Vois ce front blanc et pur ;
    Pour mon cœur, ah ! quelle espérance
        Dans ces beaux yeux d'azur !

ENSEMBLE.

Oui, sa voix pénètre mon âme
D'un pressentiment de bonheur ;
Je ne peux contenir ma flamme,   (bis.)
Et mes désirs et mon ardeur.

TOUS.

Il ne peut contenir sa flamme,
Et ses désirs et son ardeur.

AIR.

(Sur le devant de la scène.)
Viens, tu partageras ma couche,
Et dans mes plaisirs de moitié
Je veux au festin, sur ta bouche,
Goûter l'ardente volupté.

Là tout est jouissance,
Et la seule puissance,
La seule royauté,
Au sein de la licence,
C'est la beauté.

Entre la coupe et la beauté
Balthazar n'est plus si farouche ;
Un doux regard aussi le touche :
Son cœur n'a plus de dureté.
Je te paraîtrai moins farouche
Lorsqu'à table excité.
Je pourrai sur ta bouche
Cueillir la volupté.

CHŒUR.

O sort funeste !
Aucun espoir ne reste,
Et du ciel le courroux
S'appesantit sur nous.

(Balthazar fait un signe, et les gardes s'appro-
chent du groupe des jeunes filles. — Ils s'em-
parent de Sara que Balthazar a semblé dési-
gner.)

BALTHAZAR.

Oui, c'est elle !...

SARA.

O mon Dieu !

BALTHAZAR.

Charmante Israélite,
C'est moi qui veux te faire un sort plus doux.
Ne tremble pas ainsi, pauvre petite...

EUPATOR.

D'un tel bonheur qui ne serait jaloux ?

BALTHAZAR.

De mon bonheur qui ne serait jaloux ?

SARA, s'échappant de leurs mains et se précipitant dans les bras de son père.

(A Balthazar.)
Mon père !!... Non... Je ne veux pas vous suivre.

J'ai peur, hélas !

BALTHAZAR.

Pourtant je ne puis vivre
Sans ton amour... Tu viendras avec nous.

DANIEL, indigné.

Roi, c'est donc dans l'ivresse
Que ton cœur sans noblesse
A conçu cette lâche horreur ;
Mais j'empêche le crime
En frappant la victime
Pour sauver au moins son honneur.

TRIO.

RACHEL, implorant.

Daniel! ma sœur...

DANIEL, hésitant.

Elle est dans les bras de son père.
Je ne pourrai jamais...
(Il laisse tomber son poignard.)

BALTHAZAR.

Je contiens ma colère !

DANIEL.

Ne pouvoir me venger !

BALTHAZAR, montrant Sara.

Gardes, saisissez-la !

RACHEL, à Balthazar.

Voyez notre douleur.

DANIEL.

Oh ! quelle est ma douleur !

RACHEL.

Mon Dieu ! ma pauvre sœur.

DANIEL.

Tyran, lâche oppresseur !

RACHEL.

Tais-toi, Daniel, tais-toi ! Balthazar est le maître,
Et les décrets du ciel, qui pourrait les connaître ?...
Tâchons, par notre foi, d'apaiser son courroux...

DANIEL.

Non, je ne puis souffrir !...

RACHEL, à Balthazar.

Seigneur, écoutez-nous.

ENSEMBLE.

DANIEL.

Pardonner son offense
Et souffrir sans vengeance
Ce crime sous mes yeux !
Pour ta vie abhorrée,
De mon âme éplorée,
Monstre, reçois les vœux.

Monstre, de la flétrir,
Il se fait un plaisir !

RACHEL.

Épargnez l'innocence,
Seigneur, pitié ! clémence !
Voyez-la sous vos yeux,
Pâle, décolorée.
Elle appelle éplorée
La mort de tous ses vœux.

Voyez-la se flétrir,
Laissez-vous attendrir.

BALTHAZAR.

J'aime cette innocence
Et cet air de souffrance
Qui voile ses doux yeux ;
Mais bientôt consolée,
Cette belle éplorée
Va se rendre à nos vœux.

Ah ! loin de se flétrir,
Elle va s'attendrir.

ENSEMBLE FINAL.

DANIEL et RACHEL.

Ah ! l'on pourrait d'un tigre en sa tanière
Plutôt sans doute apaiser la colère
Que cette ardeur, vive, impure et grossière
Qui de son sang allume les désirs ;
Mais la débauche est sourde à la prière ;
Pour elle encore le crime a des plaisirs !

BALTHAZAR.

Tu dompterais le tigre en sa tanière ;
Ta vue, enfant, apaise ma colère :
Je ne sens plus qu'une ardeur singulière
Qui de mon sang allume les désirs :
Dans mon palais, loin de la terre entière,
Allons vider la coupe des plaisirs.

   (*Daniel veut se précipiter. — Les gardes
      le retiennent.*)

DANIEL et RACHEL.

Ah ! l'on pourrait d'un tigre en sa tanière, etc.

BALTHAZAR.

Tu dompterais le tigre en sa tanière, etc.

FIN DU SECOND ACTE.

ACTE TROISIÈME.

Une salle du palais du roi à Babylone, donnant sur des jardins. Coussins, divans, un trône.

SCÈNE I.

SARA, Femmes de sa cour.

*Au lever du rideau, Sara, qui est devenue la
courtisane du roi, et qui s'est bien vite habituée
aux plaisirs de cette cour corrompue, Sara est
avec les femmes de Balthazar. — Elles passent
le temps à jouer et à folâtrer avec le jeune
prince Labdonith, fils du roi.)*

CHŒUR.

Venez, voluptés qui ravissent
     Au sein des cours,
Plaisirs qui jamais ne finissent,
     Belles amours;
Et vous, liqueur traîtresse,
Loisirs, douce mollesse,
Qui de nos sens vainqueurs
Enchaînez la faiblesse,
Ah! venez, et sans cesse
Que votre coupe enchanteresse
     Verse l'ivresse
     Dans nos cœurs.

*(Elles se lèvent toutes, et descendent dans
     les jardins.)*

SCÈNE II.

BALTHAZAR, EUPATOR.

BALTHAZAR, *l'amenant vivement en scène.*
Allons, tu vas parler!!...

EUPATOR.

               A votre noble cœur,
O grand roi! vous allez m'accuser de noirceur;
Mais je ne puis cacher un soupçon qui m'obsède.

BALTHAZAR, *impatient.*
Parle donc!

EUPATOR.

     Mon devoir me l'ordonne, et je cède.
On vous trompe, mon roi!

BALTHAZAR.

               Prends garde!... à mon courroux
N'expose pas ta tête.

EUPATOR.

               O roi, rappelez-vous
Ce Juif... Daniel!... on dit qu'une porte secrète
S'ouvre pour lui!... Sara... dans la nuit... je m'arrête.

BALTHAZAR.

La perfide! elle vient. Assez... mais souviens-toi
Que ta vie et tes biens répondent de ta foi.

ENSEMBLE.

EUPATOR.

Qu'ils la sauvent donc ces attraits
     Maintenant que l'envie,
Du soupçon aiguisant les traits,
     A détruit pour jamais
Cet amour qui faisait sa vie.
                         (Il sort.)

BALTHAZAR.

Un autre souiller ces attraits
     Qui faisaient mon envie!
Amour, ce n'est plus de tes traits
     Que mon cœur désormais
Restera blessé pour la vie.

SCÈNE III.

BALTHAZAR, puis SARA.

BALTHAZAR.

Ah! l'on se joue ainsi de moi, de ma personne;
Nous allons voir!

*(Sara vient; son visage est riant; elle s'est vite ha-
bituée à cet encens de la cour, à ses plaisirs, à
ses adulations.)*

SARA.

               Ma vie et mon trésor,
O digne fils du grand Nabuchodonosor,
     Pour vous j'ai tressé ma couronne.

BALTHAZAR, *gravement.*

Nabuchodonosor n'est plus
C'est Balthazar qui règne à Babylone.

SARA.

Et moi, comme au ciel les élus;
Pauvre enfant, je partage et son cœur et son trône.

BALTHAZAR.

Mensonge!

SARA.

Qu'a-t-il dit?

BALTHAZAR.

Je ne vous aime plus!

AIR.

SARA.

Qu'a-t-il dit?... je ne puis croire
A ce mot, ce mot duquel
Je veux perdre la mémoire,
Car il serait trop cruel.
Quoi! faudrait-il voir si vite
Mon bonheur s'évanouir!
Mais, hélas! quand il nous quitte
C'est pour ne plus revenir.
Oui le bonheur qui nous quitte
C'est pour ne plus revenir.

Mais si je m'abusais!... mais s'il m'aimait encore!
Et si, pour m'éprouver... C'est un mot que j'implore.
Balthazar! mon amour...

BALTHAZAR.

Vœux superflus!...

SARA.

Grands Dieux!

BALTHAZAR.

Je ne vous aime plus.

SARA.

Ah, vous ne m'aimez plus! (*bis.*)

Et pour vous j'oubliais, mon dieu, parents, patrie,
Et je faisais d'un père et d'une sœur chérie
La honte et le malheur!...
Je me faisais pour vous, sans pudeur, sans croyance...
Ah! si vous pouvez voir sans pitié ma souffrance,
Sans remords ma douleur,

Ingrat, non, non, non vous ne m'aimez plus!

Et moi je vous aimais! (*bis.*)

J'aimais en vous le roi, grand, magnifique et brave;
J'étais fière à mes pieds de voir un tel esclave
Simple mortel épris:
(*Tristement.*)
Mais votre amour lassé n'a plus qu'indifférence
Pour la pauvre Sara maintenant sans défense
Et vouée au mépris!
Ingrat, et moi je vous aimais!!

(*Alternativement.*)

DUO.

BALTHAZAR.

Ah! qu'elle est belle en sa douleur!

SARA.

Il faut un terme à mon malheur.

BALTHAZAR.

Sans elle, non, je ne puis vivre.

SARA.

Je sens que je n'y puis survivre;

BALTHAZAR.

Et je sens renaître en mon cœur
Le feu qui l'embrase et l'enivre.

SARA.

Déjà la honte est dans mon cœur;
Il faut que la mort m'en délivre!

Mais plus d'amour, plus de plaisir!
Et si jeune quitter la vie!

BALTHAZAR.

Que dit-elle? quitter la vie?

SARA.

Sa tendresse qui m'est ravie...
Allons, allons, il faut mourir!

BALTHAZAR.

Non, tu ne voudrais pas mourir.
Sara, pardonne au repentir,
C'était l'amour, la *jalousie!*...

SARA, *répétant.*

C'était l'amour, la jalousie,

BALTHAZAR.

Car je t'aime avec frénésie,
Près de toi je n'ai qu'un désir.

SARA.

Aussi, moi, je n'ai qu'un désir.

ENSEMBLE.

Te posséder sans cesse
Et brûlant d'une même ardeur;
Dans tes bras goûter l'ivresse,
O ma belle maîtresse,
Goûter l'ivresse
Du bonheur!

BALTHAZAR.

Oublions ce sombre nuage
Si dans nos cœurs passa l'orage
En troublant nos loisirs,
Tout à l'amour qui nous enchaîne,
Oublions un moment de peine
Dans de nouveaux plaisirs.

SARA.

Dans nos cœurs a passé l'orage
Mais chassons le sombre nuage
Qui troubla nos loisirs;
Et de l'amour qui nous entraîne
Renouons la si douce chaîne
Par de nouveaux plaisirs.

ENSEMBLE.

Oui chassons un sombre nuage
Si dans nos cœurs passa l'orage :
  En troublant nos loisirs,
Tout à l'amour qui nous enchaîne
Oublions un moment de peine
  Dans de nouveaux plaisirs.

BALLET.

(Fête, jeux et danses ; tout le monde revient ; le jeune prince aux pieds de son père et de Sara ; on apporte des coupes.)

SCÈNE IV.

DANIEL *paraît, les danses cessent ; il est inspiré.*

DANIEL.

Tremblez, impies et sacriléges,
Qui du ciel bravez le courroux ;
L'ennemi prépare ses piéges
Dans l'ombre il s'avance vers vous.

J'entends des voix, des cris d'alarmes
Qui troublent le repos des nuits,
Des chevaux hennissant au cliquetis des armes,
Tout le désert est plein d'étranges bruits :
Et vous, aveugles, vous ne voulez pas
Entendre au milieu de vos fêtes
    L'annonce du trépas
    Qui menace vos têtes !

BALTHAZAR *le traite d'insensé.*

J'aurais le droit d'être offensé,
  De punir ce langage ;
Mais tu n'es qu'un pauvre insensé,
  Je ris de ton présage.

Vraiment, vraiment de ton présage
  Je ris, pauvre insensé ;
De ton si terrible présage
Et de ton Dieu qu'impunément j'outrage
  Je ris, pauvre insensé (*bis*).

DANIEL.

  Point de blasphème, roi !
Je puis encore te prédire
Que dans treize jours avec toi
  Tombera ton empire !
  Point de blasphème, roi !

Vainement du Dieu que je sers
Tu voudrais nier la puissance,
  Homme au cœur pervers
  Sans foi ni croyance,

(Lui montrant son fils.)

Vois cet enfant, quel trouble affreux l'oppresse,
Vois, le front pâle et baigné de sueur,
Sous l'étreinte du mal il se tord, il se dresse,
  Reconnais la main du Seigneur.

Et vous qui m'écoutez, n'attendez pas l'aurore ;
Fuyez, fuyez, s'il en est temps encore
C'est moi, son envoyé, Daniel ! Daniel !
Qui viens vous annoncer la vengeance du ciel.

CHŒUR DE TOUS LES ASSISTANTS.

BALTHAZAR.

Daniel !... ma haine se déclare,
  Pleure ton propre sort.
Prophète, un jour, oui, se prépare,
  C'est celui de ta mort.

DANIEL.

Le courroux du ciel se déclare,
  Craignez un triste sort.
Dans ce grand jour qui se prépare,
  Jour de deuil et de mort.

SARA *et ses femmes donnant leurs soins au jeune prince.*

Le courroux du ciel se déclare,
  Pleurez }
  Pleurons } son triste sort.
Voyez ce beau front que dépare
  Le souffle de la mort.

EUPATOR.

Quelle fureur du roi s'empare !
  Il va juger leur sort ;
Son cœur jaloux déjà prépare
  La vengeance et la mort.

LA FOULE, *consternée.*

Le courroux du ciel se déclare ;
  Quel sera notre sort ?
Dans ce grand jour qui se prépare,
  Jour de deuil et de mort.

LABDONITH.

Quel trouble de mon cœur s'empare :
  Sur mon front, triste sort !
J'ai senti glisser froid et rare
  Comme un souffle de mort.

BALTHAZAR, *exaspéré.*

J'ai souffert trop longtemps une insigne imposture,
Gardes, saisissez-le ; ses folles visions
Aux monstres des forêts serviront de pâture...
Qu'il soit jeté vivant dans la fosse aux lions !...

DANIEL.

Tu ne sais pas où t'égare
  Un funeste aveuglement
Roi, ton orgueil te prépare
  Un sévère châtiment !

REPRISE DU CHŒUR.

Daniel !... ma haine se déclare
  Pleure ton propre sort, etc.
Le courroux du ciel se déclare
  Craignez }
  Craignons } un triste sort, etc.

    (On emporte le jeune prince évanoui.)

SCÈNE V.

SARA, DANIEL, BALTHAZAR, QUELQUES SEIGNEURS
ET GARDES.

TRIO FINAL.

SARA, *à part.*

Il faut toucher le cœur du roi ;
Hélas ! le mien tremble d'effroi.

DANIEL.

Sara se détourne de moi,
Elle hésite et tremble d'effroi.

BALTHAZAR.

Son regard se tourne vers moi,
Elle hésite et tremble d'effroi.

SARA, *se précipitant aux pieds du roi.*

Ah ! pardonnez, pardonnez, faites grâce :

BALTHAZAR.

Que de mon cœur son injure s'efface,
Non !...

SARA.

Grâce !

BALTHAZAR.

Il doit périr.

SARA.

A vos genoux je pleure.

BALTHALAR.

Non, sans pitié qu'il meure !

(Avec dédain et se tournant vers Daniel.)

A-t-il peur de mourir ?...

DANIEL, *qui est resté jusqu'alors inattentif ; avec
explosion.*

Peur de mourir !... non, je t'affronte ;
Allons, dispose de mon sort ;
Tu verras bientôt qu'à la honte
Un Juif sait préférer la mort.

Et si ma mort pouvait faire, par mon exemple,
Dans un cœur égaré naître le repentir
Et lui rappeler Dieu, qui du ciel nous contemple,
Ah ! bien loin de me plaindre, il faudrait la bénir.

(A Sara.)

Mais cesse une vaine prière,
Cruelle, après ton abandon.
Ma pensée au ciel tout entière
Renaît et s'ouvre à la lumière ;
Je ne veux pas de son pardon.

Des jours passés que chasse
Un nouvel avenir,
Oui, que ton nom s'efface
Et dans mon souvenir
Qu'il n'en reste plus trace !
Ah ! laisse-moi mourir !

En demandant ma grâce
Tu me ferais rougir !

SARA.

Daniel, ô par pitié, par grâce,
Ne l'excite pas, il menace :

DANIEL, *s'animant.*

Non, non, point de pitié ni grâce,
Ton souvenir, oui, je le chasse !

ENSEMBLE.

SARA.

Mon amour ne t'a point trahi,
Mon cœur, frère, en garde la trace ;
Mais qu'au tien le courroux s'efface,
J'attends de toi pitié, merci.

DANIEL.

Un amour lâchement trahi
Longtemps ne peut laisser de trace,
Et du cœur auquel il s'efface
N'attends ni pitié ni merci.

BALTHAZAR.

J'admire ton audace
Tu parles d'avenir,
Va, que ton nom s'efface
Et que ton souvenir
Ne laisse aucune trace ;
Avec toi va finir
Ta mémoire et ta race
Que je ferai mourir.

Point de pitié, non, point de grâce,
Ma haine poursuivra ta race.
Oui, qu'au loin ton peuple banni
Se disperse et qu'enfin il passe
Sur la terre où chacun le chasse
Sans trouver pitié ni merci.

SARA.

Ah ! faites, seigneur, faites grâce
Et que votre courroux s'efface.
Oh ! mon amour est bien puni !
Hélas, puisqu'il proscrit ma race,
De son cœur alors il me chasse :
Il me faut donc mourir aussi !

DANIEL *fait un geste de dédain ; puis, sans ré-
pondre à Balthazar, à part.*

Pitié, moi qui bientôt
Vais mourir !

SARA.

O Daniel !

DANIEL, *à Sara.*

Sara !

SARA.

Que veux-tu dire ?

DANIEL.

Plus près... un dernier mot :

(Montrant Balthazar.)
Si ton roi le permet?

SARA, *à part.*
Ah! de frayeur j'expire!

BALTHAZAR, *à part.*
Il ne bravera plus tantôt.

DANIEL.
Tu peux encor, tu peux, par un effort suprême,
Expier ta coupable erreur.
(Il tire son fer.)
Vois ce poignard...

SARA.
Grand Dieu!

DANIEL.
Tranche toi-même.

SARA.
O juste horreur!

(Elle court se jeter dans les bras de Balthazar en donnant les plus grandes marques de frayeur.)

. ENSEMBLE.

SARA.
J'ai peur, d'effroi mon sang se glace,

BALTHAZAR.
Que de mon cœur son injure s'efface.
Non!

DANIEL, *à Sara.*
Ta souillure la mort l'efface

SARA.
(A Balthazar).
Non! Grâce!

BALTHAZAR.
Il doit périr.

DANIEL.
Et sans frémir.

SARA.
A vos genoux je pleure.

BALTHAZAR.
Non sans pitié qu'il meure!

DANIEL, *à Sara.*
Frappe, allons, voici l'heure.

BALTHAZAR.
A-t-il peur de mourir?

DANIEL, *à Sara.*
As-tu peur de mourir?

DANIEL.
Peur de mourir? non, je t'affronte;
Non, je suis heureux de mon sort,
Et sans hésiter à la honte
Moi, je sais préférer la mort!

ENSEMBLE.

DANIEL.
Des jours passés que chasse
Un nouvel avenir, etc.

SARA.
Des jours passés que chasse
Le plus sombre avenir, etc.

BALTHAZAR.
J'admire ton audace
Tu parles d'avenir, etc.

(On emmène Daniel.)

FIN DU TROISIÈME ACTE.

ACTE QUATRIÈME.

La fosse aux lions.

SCÈNE I.

DANIEL *seul; il prie.*

Elle est dans son palais, insouciante, heureuse,
Et moi, j'exhale ici ma plainte douloureuse
    Aux lions, aux vautours :
Ah ! son parjure est là, toujours là. Ma pensée
S'y brise avec effort quand mon âme blessée,
    Dans un moment de faiblesse abusée,
        Rappelle ces beaux jours.

AIR.

Que de fois, dans son âme surprise,
J'épiai le soupir contenu,
Quand le soir nous allions à la brise
    Exposer son front nu.

Sur mon bras sentant sa main fébrile,
Je tombais dans un trouble inconnu ;
Mais allons, point de plainte inutile
    Sur un bonheur perdu !

        Plus de plainte,
        Notre amour,
        Flamme éteinte,
        N'eut qu'un jour.
    Aussitôt flamme éteinte
    N'eut, hélas ! n'eut qu'un jour.

        Par ta grâce,
        O Seigneur !
        Qu'il s'efface
        De mon cœur.
    Fais aussi qu'il s'efface
    A jamais de mon cœur.

*(Pause pendant laquelle il prie. — On entend une
harmonie céleste; Rachel paraît dans le fond
et descend avec crainte et précaution.)*

SCÈNE II.

DANIEL, RACHEL.

RACHEL.

Dans cet antre sauvage
Où l'amour me conduit,

Malgré tout mon courage
Je tremble au moindre bruit.

AIR.

Le vent au-dessus dans la plaine
    Pleure et gémit ;
Écoutant sa plainte lointaine,
    Mon cœur frémit.

Puisqu'il ne me reste personne
Que je puisse aimer ici-bas,
Puisque tout, hélas ! m'abandonne,
Je n'aspire plus qu'au trépas.

A ma douleur, ah ! je succombe !
Que ce lieu témoin de ta mort,
O Daniel ! soit aussi ma tombe :
J'aurai du moins le même sort.

Mais au bruit du vent dans la plaine
    Mon cœur frémit ;
J'entends une plainte lointaine :
Est-ce bien le vent qui gémit?

De ce repaire affreux les hôtes souverains
Vont bientôt s'arracher ma dépouille mortelle
    Et broyer sous leur dent cruelle
    Ce cœur abreuvé de dédains.

Grand Dieu, fuyons!... Au loin, quel cri!... d'effroi, je
    C'est comme un long gémissement   [pense.
Qui de ce lieu d'horreur a troublé le silence ;
    Voici la mort dans un moment..

REPRISE ENSEMBLE.

Le vent au-dessus dans la plaine, etc.
Seulement, au lieu de ces vers que Rachel dit :
    A ma douleur, etc., *Daniel chante :*

    A ma douleur, ah ! je succombe,
    Et si du ciel j'attends la mort,
    C'est que j'espère, dans la tombe,
    Trouver l'oubli d'un triste sort.
Mais au bruit du vent dans la plaine, etc.

DANIEL, *se lève ému.*

Qu'entends-je, et d'où peut donc venir
    Cette voix qui m'agite.
Mon cœur troublé bat et palpite :

Est-ce une erreur, un souvenir?
C'est la voix de Rachel qui m'appelle et m'invite...
Illusion trompeuse, ah! fuis! laisse-moi vite,
    En repos laisse-moi mourir.

RACHEL, *priant.*

Dieu de Jacob, toi qui lis dans notre âme,
  Tu sais combien je l'aimais ici-bas;
  Quand de mes jours va se briser la trame,
Une crainte m'arrête en face du trépas!...
    Ah! de la pauvre Juive,
    Ne détruis pas l'amour;
    Mais permets qu'il la suive
    Au céleste séjour!!

RÉCITATIF.

DANIEL, *s'avançant.*

Oui, c'est elle!

RACHEL.

Daniel!

DANIEL.

                Ainsi te méconnaître,

Ange!...

RACHEL.

Daniel, c'est toi! toi!

DANIEL.

                Je me sens renaître.

RACHEL.

Ta main...

DANIEL.

    Ma sœur!

RACHEL, *posant sa main sur son cœur.*

        Sens là, comme il bat...

DANIEL.

                Mais, grand Dieu!
Comment osas-tu bien pénétrer en ce lieu!

RACHEL.
De tes gardiens j'ai su tromper la surveillance.

DANIEL.
Mais tu savais pourtant!...

RACHEL.

                J'étais sans espérance.
Je croyais avoir tout perdu.

DANIEL.
Sara, c'est vrai... mais... mais, ton père!

RACHEL.
Il n'existe plus sur la terre!

DANIEL, *accablé.*
Le chagrin!... Mais, dis-moi, sais-tu?
Sara... quand elle apprit... J'espère!

RACHEL.
A son convoi funèbre elle n'a point paru.

DANIEL, *brisé par l'émotion, éclate.*
Quoi! son cœur est resté sec et sans un remords;
Sa main n'a pas souillé de cendre et de poussière
Ses beaux habits de cour! et sous la froide pierre
Sans elle il a fallu mettre l'urne des morts!

    Ta sœur se déshonore,
    Et moi, fol insensé,
    Je l'aimerais encore :
    Tu ne l'as pas pensé!

    Ah! plutôt anathème!
    Sur tous deux anathème!
    Et que celui qu'elle aime
    Soit maudit à jamais!
    Balthazar, tes victimes
    Crient au fond des abîmes :
    Le nombre de tes crimes
    Est fixé désormais.

RACHEL.
    Assez, Daniel, par pitié! par pitié!
        O vengeance terrible!

DANIEL.
    Dans ce destin horrible,
Oh! que ta sœur du moins ne soit pas de moitié!

    Va vers elle, ange de grâce,
    Va de son sort l'avertir;
    Dis-lui qu'au ciel tout s'efface
    Devant un vrai repentir.
      Parle à son cœur.
      Que dis-je? par la fuite
      Arrache-la bien vite
      A ce palais d'horreur.

RACHEL.
J'y cours.

DANIEL.
    Va, le temps presse.
(*Une troupe de soldats paraît. — Rugissements
      des lions à leur approche.*)

RACHEL.
    O ciel! n'entends-tu pas?

DANIEL.
    Ne crains rien, le bruit cesse;
    D'ailleurs ma main qui les caresse
    Leur dirait de lécher tes pas.

ENSEMBLE.

RACHEL, *à part.*

Ah! je crains mon cœur plus encore
Que tous ces monstres furieux.
Saint devoir, c'est toi que j'implore!
Entraîne-moi loin de ces lieux.

DANIEL.

Mais si la faim qui les dévore

Allait les rendre furieux.
Saint devoir, c'est toi que j'implore !
Viens, éloigne-la de ces lieux.

LES SOLDATS *dans le fond.*
Malgré la faim qui les dévore,
Qui les fait rugir furieux,
O miracle ! il existe encore :
Il est tranquille au milieu d'eux.

DUO.

RACHEL.
Je te quitte, adieu ! mon frère.
DANIEL, *lui montrant le ciel.*
Mais nous avons l'avenir.

RACHEL.
Voudras-tu dans ta prière
Me garder un souvenir ?

DANIEL.
A toi mes vœux !

RACHEL.
A toi toute mon âme !

DANIEL, *s'animant.*
Quelle céleste flamme
Vient dessiller mes yeux :
Oui, j'ai lu dans ton âme,
Oui, j'ai lu dans tes yeux !

RACHEL.
Daniel, je ne puis comprendre...
DANIEL.
A moi s'offre un nouveau jour.
RACHEL.
Non, non ! je dois m'en défendre.
DANIEL.
Mais pourquoi donc t'en défendre ?
Je partage ton amour !

O noble cœur, tendre gage,
Qui relèves mon courage,
Viens, ah ! viens, reçois l'hommage
Que je t'offre ici de ma foi.
Rachel, avant que j'expire,
Mon amour, je vais le dire :
L'autre n'était qu'un délire,

Et maintenant je suis à toi,
Je suis à toi ! je suis à toi !

RACHEL.
O noble cœur dont l'image
Me remplit et m'encourage,
En retour de ton hommage
Je te dois l'aveu de ma foi !
Daniel, avant que j'expire,
Je veux, j'oserai le dire,
Je t'aimais avec délire.
Ivre d'amour, je viens à toi,
Je viens à toi ! je viens à toi !

RACHEL, *apercevant les soldats*
qui les observent.
Je me soutiens à peine :
Tes gardiens. Ah ! je meurs d'effroi.

DANIEL.
C'est Dieu qui les amène,
Puisqu'ils vont te conduire au roi.

CHŒUR.

C'est notre devoir
Et son ordre suprême.
DANIEL, *à Rachel qui s'éloigne.*
Souviens-toi que je t'aime :
Au revoir !

RACHEL.
Au revoir !
RACHEL, *à part.*
Si je pouvais sauver ses jours !
DANIEL, *à part.*
Ah ! j'aurais dû l'aimer toujours !
(*Fausse sortie de Rachel.*)

REPRISE DE L'ENSEMBLE.

O noble cœur, tendre gage, etc...
(*Rachel remonte les rochers et va se mettre aux*
mains des gardes.)
RACHEL.
J'irai te joindre, adieu !
DANIEL.
Là-haut et dans le sein de Dieu :

Adieu ! adieu !!!

ACTE CINQUIÈME

Une salle intérieure du palais de Balthazar ; dans le fond, une immense ouverture fermée par des rideaux de brocard.

SCÈNE I.

RACHEL, LES GARDES.

(Les gardes se retirent.)

RACHEL, *seule.*

Cruel tyran qui nous opprimes,
Dans un instant tu vas venir ;
Ah ! pour t'arracher tes victimes
Je te parlerai sans frémir.
Et si ma sœur pouvait m'entendre,
Pauvre sœur, qu'un amour fatal,
Sans qu'elle puisse s'en défendre,
Abuse, entraîne et pousse au mal.

AIR.

PREMIER COUPLET.

Pour te sauver d'un funeste délire
J'aurais voulu donner mes jours,
Ange déchu que je voulais maudire,
Que j'aime mieux aimer toujours.
   Arrête, sœur, arrête !
   Au milieu de la fête
   Écoute la tempête...
   Sœur, ne m'entends-tu pas ?
   Horreur ! mon sang se glace :
   Le tourbillon qui passe
   L'emporte... et criant grâce,
   Elle me tend les bras.

DEUXIÈME COUPLET
Pauvre abusée, entends ma voix qui prie ;
(Ici Sara paraît dans le fond ; elle écoute...)
Rappelle ton honneur perdu :
Entends la voix de celle qui te crie,
Le cœur de douleur éperdu :

   Arrête, sœur, arrête !
   Au milieu de la fête
   Écoute la tempête...
   Sœur, ne m'entends-tu pas ?
   Horreur ! mon sang se glace :
   Le tourbillon qui passe
   L'emporte... et criant grâce,
   Elle me tend les bras.
      SARA, *reprenant avec elle.*
   Arrête, sœur, arrête !
   Sœur, ne m'accuse pas.
   A ta voix qui menace,
   Pitié ! mon sang se glace :

   Je te demande grâce,
   Et je te tends les bras ! !
*(Rachel se détournant aperçoit Sara, qui lui tend
effectivement les bras. — Elle se précipite vers
elle avec effusion.)*

SCÈNE II.

RACHEL, SARA.

SARA, *se jetant aux bras de sa sœur.*
O Rachel !
      RACHEL.
   (Se dégageant.)
   O ma sœur !... Ah ! plutôt fille ingrate.
      SARA.
   Pitié ! je sais... Épargne-moi :
   Tu vois mes pleurs, et ma douleur éclate !
      RACHEL.
Mais ton cœur oublieux nous préfère ton roi.

      DUO.
      SARA.
   Rachel, ton reproche m'accable.
      RACHEL.
   Romps avec un amour coupable.
      SARA.
   Hélas ! il est trop tard.
      RACHEL.
Le devoir...
      SARA.
   Je l'aime ! je l'aime !
      RACHEL.
Pour accomplir sa loi suprême
Il n'est jamais trop tard.
      SARA.
Ah ! si ma flamme est criminelle,
Laisse-moi sans retard.
      RACHEL.
Écoute ton Dieu qui t'appelle :
Viens, suis-moi sans retard.
      SARA.
Pitié ! quand le remords m'accable
Je maudis un amour coupable ;
Mais, hélas ! mais trop tard.
      RACHEL.
Pauvre enfant, le remords t'accable ;
Mais pour fuir un amour coupable,
Il n'est jamais trop tard.

   A son heure dernière...

SARA.

Quoi! que dis-tu?... qui?...

RACHEL.

Notre père...

(*L'observant.*)

Sans doute tu le savais bien...

SARA, *éclatant en sanglots.*

Mon père mort, et je n'en savais rien!...

(*Silence.*)

(*Avec égarement.*)

Ah! de remords j'expire :
Il a dû me maudire,
O triste, ô triste sort!
Pardonne-moi, mon père...
Ah! tu vois ma misère,
Ah! j'ai causé ta mort!

ENSEMBLE.

Mânes chéris et que j'implore,

De la tombe entendez {ma / sa} voix.

RACHEL.

Pardonnez, son cœur saigne encore ;

SARA.

Pardonnez-moi, je l'aime encore ;
Mais entre vous j'ai fait mon choix, j'ai fait mon choix !

RACHEL.

Pauvre enfant, le remords t'accable ;
Pour maudire un amour coupable
Il n'est jamais trop tard.
Éteins la flamme criminelle
Qui brûle encor... Viens, je t'appelle :
Viens, suis-moi sans retard.

SARA.

Pitié! quand le remords m'accable!...
Je maudis un amour coupable,
Mais hélas! mais trop tard.
Meure la flamme criminelle !
Oui, sœur, à ta voix qui m'appelle,
Je te suis sans retard.

SCÈNE III.

LES PRÉCÉDENTS, BALTHAZAR, *paraissant.*

BALTHAZAR, *sombre et pâle.*

Qu'ai-je entendu, Sara?... Vous me fuyez!...

SARA, *surprise.*

O ciel!...

RACHEL, *qui n'a pas encore aperçu le roi.*

(*A part.*)

J'allais tout oublier en ce moment suprême :
Ingrate, j'oubliais Daniel!

(*Apercevant le roi.*)

Grand Dieu!

BALTHAZAR, *à Sara.*

Tu veux m'abandonner!... Mais moi, je t'aime !!

AIR.

Lorsque pour la première fois

Je te vis chez ton père,
Je mis à vivre sous tes lois
Ma gloire la plus chère...
Mais vois-tu perdre un seul instant,
Mais perdre ta tendresse!...
Ah! prends pitié de ma faiblesse :
Je ne puis souffrir tant.

Toi-même, en nos jours de bonheur,
Encourageais ma flamme.
Que je conserve au moins l'erreur
Dont s'enivrait mon âme!

Mais, vois-tu, perdre un seul instant, etc.

SARA, *émue.*

O douleur extrême !
Où fuir, me cacher?
A celui que j'aime
Il faut m'arracher.

RACHEL.

C'est l'instant suprême,
Il faut la sauver :
A celui qu'elle aime,
Il faut l'arracher.

BALTHAZAR.

C'est l'instant suprême,
Comment la sauver?
C'est celle que j'aime
Qu'on veut m'arracher.

RACHEL.

Viens, sœur!

SARA.

Hélas!

BALTHAZAR, *avec amertume.*

Oui, va, remplace
Par un oubli facile un amour imposteur.

SARA.

O Balthazar, cruel!...

RACHEL, *à Sara et l'entraînant.*

Ah, viens!... pour une grâce
Je voulais supplier ton séducteur ;
Mais la pitié sans doute n'a point place
Dans cet indigne cœur !

SARA.

Quoi? parle!

RACHEL.

Non, son âme inaccessible
A tout pardon rejetterait mes vœux.

SARA.

Parle.

RACHEL.

Daniel...

BALTHAZAR, *à part.*

O tourment indicible!
Daniel!... ce nom rallume tous les feux
D'une jalousie ardente et terrible.

TRIO.

BALTHAZAR.

O tourment qui dévore !

Quoi! Daniel vit encore;
De ce Dieu que j'abhorre
Voilà donc le pouvoir.
Tout à présent m'abaisse,
M'outrage et me délaisse,
Et jusqu'à ma maîtresse
Qui trahit son devoir.

RACHEL.

Quel tourment te dévore!
Oui, Daniel vit encore,
Et du Dieu qu'il adore
Reconnais le pouvoir :
Sa main qui te délaisse
Te punit et t'abaisse;
Des heures qu'il te laisse
Profite avant ce soir.

SARA.

O bonheur que j'implore
Quoi! Daniel vit encore.
Ah! du Dieu qu'il adore
Admirons le pouvoir :
Quand sa main nous délaisse,
Profitons sans faiblesse
Des heures qu'il nous laisse,
Rentrons dans le devoir.

BALTHAZAR, *furieux, agité.*

Ah! ce Juif est toujours vivant
Et contre mon repos conspire!...

RACHEL.

L'élu de Dieu vit et respire.

SARA.

Il vit, ô bonheur, je respire;
(*A part, avec tristesse.*)
Mais, moi, je meurs en le suivant.
N'importe préparons toujours sa délivrance.
(*Haut.*)
Balthazar, il faut pardonner.

BALTHAZAR.

Moi!... non jamais...

SARA.

Pitié!

RACHEL.

Lui!... pardonner!.. démence.

BALTHAZAR.

Lui pardonner!... démence!

SARA.

Clémence !

BALTHAZAR, *avec ironie.*

Oui, je vais l'ordonner...
(*A Sara.*)
Pour que dans votre folle ivresse,
Pour que vous puissiez librement
Aller à celui qui d'abord vous intéresse
Faire un nouveau serment.
Vous cachez mal le désir qui vous presse
Allez, madame, allez... rejoindre votre amant!

SARA, *brisée.*

Ingrat!... mais non, te dis-je... ah! tu sais bien toi-même
Que c'est toi seul, toi seul que j'aime.

Mais suspends ton courroux.

RACHEL, *la soutenant.*

Tais-toi, sœur, oh! tais-toi... Cache au moins ton délire;
C'est Dieu lui-même qui m'inspire.
Balthazar est à nous!
(*Passant du côté du roi.*)
Ton fils est attaqué d'un mal qui le consume ;
Chaque jour sous tes yeux tu le vois dépérir;
Celui qui le frappa peut...

BALTHAZAR, *ironiquement.*

Daniel, je présume...

SARA.

Sans doute, quel espoir!

RACHEL.

Lui seul peut le guérir.

SARA, *prenant une résolution soudaine.*

Et pour qu'il ne te reste
Aucun soupçon funeste,
Malgré l'ire céleste
Je ne partirai pas :
Au destin qui m'entraîne
Je résiste incertaine;
Mais en brisant ma chaîne
Ce serait mon trépas.

RACHEL.

Ma sœur! ô désespoir!... rappelle ta vertu.

BALTHAZAR.

Ah, tu me rends l'espoir, je crois à la vertu !

RACHEL.

Ton amour est un sacrilége!...

SARA.

Je le sais, que Dieu me protége ;
Mais sœur, je l'aime trop, vois-tu?
Je l'aime trop, je l'aime trop.

SCÈNE IV.

LES PRÉCÉDENTS; puis LABDONITZ, *frais, riant,*
guéri.

SARA, *à Balthazar, elle l'entraîne vers une petite*
table.

La grâce de Daniel...
(*Le jeune prince arrive et se jette aux bras de son*
père).

BALTHAZAR.

Mon fils!

LABDONITH.

C'est moi, mon père !
(*Ils s'embrassent.*)

BALTHAZAR.

Et sauvé!...

SARA et RACHEL.

Quel miracle !

BALTHAZAR, *se tournant vers Sara.*

Oui, Sara, ta prière...
(*Il signe.*)

LABDONITZ.

A la fête, mon père, on n'attend plus que toi.

BALTHAZAR, *à Rachel.*
Je pardonne... tenez, et qu'on suive ma loi.
(*Rachel prend le papier ; mais avant de partir, elle
tente un dernier effort.*)
Au nom du ciel, sœur, je t'adjure ;
Au nom de celui qui n'est plus.
SARA.
Non, non, car je serais parjure
L'amour plus fort a le dessus.

ENSEMBLE.

SARA.
Au destin qui m'entraine
Je cède et songe à peine
A la coupable chaîne
Qui pourtant me perdra.
Sur mon front je vois même
Suspendu l'anathème ;
Mais à l'heure suprême
Le ciel nous jugera.
BALTHAZAR.
Au penchant qui t'entraine
Cède et reprends sans peine
La douce et belle chaîne
Que rien ne brisera.
Ah ! viens, et pour moi-même
Je brave l'anathème,
A notre heure suprême
La mort nous jugera.
RACHEL.
Au destin qui t'entraine
Résiste, et romps sans peine
Une coupable chaîne
Qui bientôt te perdra.
Je n'ose pas moi-même
Appeler l'anathème ;
Mais à l'heure suprême
Le ciel vous jugera.

(*Fausse sortie de Rachel qui court pour délivrer
Daniel ; le rideau du fond s'ouvre.*)

SCÈNE V.

CHANGEMENT A VUE. — LE FESTIN.

Une salle remplie de convives et un immense concours de
peuple qui remplit les galeries. Sur le devant, des tapis
et des vases d'or. Places vides réservées pour le roi, etc.
A gauche, une idole ; candélabres et flambeaux.

LE PROPHÈTE est *au milieu de la salle, puissant,
inspiré ; il arrête Rachel d'un geste de la main.*
Inutile !... à son ordre

(*Il montre le ciel.*)
Je me suis levé, j'ai marché
Et sans que rien m'ait empêché,
J'ai suivi la foule en désordre...
Peuple, écoutez au loin cette clameur qui part :
Ils viennent ici prendre part
Au festin, à l'orgie ;
Bientôt de votre sang rougie
La coupe s'emplira ;
Avant que d'arriver à vos lèvres tremblantes
Elle s'arrêtera ;
De vos mains défaillantes
Elle s'échappera ! ·
(*Apercevant les coupes qu'on apporte pour le roi.*)
Horreur, et sacrilége !
O profanation !
Les vases sacrés de Sion
Que son père emporta du siége...
(*Se tournant vers Balthazar.*)
Et toi, maudit, maudit,
Je te l'avais prédit
Voici l'heure qui sonne ;
Le destin t'abandonne,
Entends : maudit ! maudit !
(*Chœur invisible.*)
Maudit ! maudit !
Lui qui sur notre tête
Attira la tempête
Maudit ! maudit ! maudit !
(*Un côté de la salle s'illumine tout à coup et montre
la fatale sentence : « Mané, técel, pharès » — Les
Mèdes entrent l'épée à la main dans la salle ; le
peuple épouvanté se lève et s'enfuit.*)
BALTHAZAR, *éperdu, fou de frayeur.*
Je tremble et je tressaille ;
Ciel ! une main écrit
Là ! là !... sur la muraille
(*Il montre du doigt*).
Maudit ! maudit ! maudit !
SARA, *prise de remords, se traînant aux pieds du
prophète*).
Daniel ! ah ! je meurs d'épouvante ;
Pardon... je reconnais mes torts
Et pour les expier...
(*Elle s'empare d'une coupe et avale du poison.*)
Oui... je meurs... repentante ;
(*Rachel la soutient ; elle tombe expirante.*)
SARA.
Adieu !... je meurs... dans les remords.

CHŒUR.

Fin trop souvent inévitable
D'un amour impie et coupable.
(*Le rideau tombe.*)

FIN

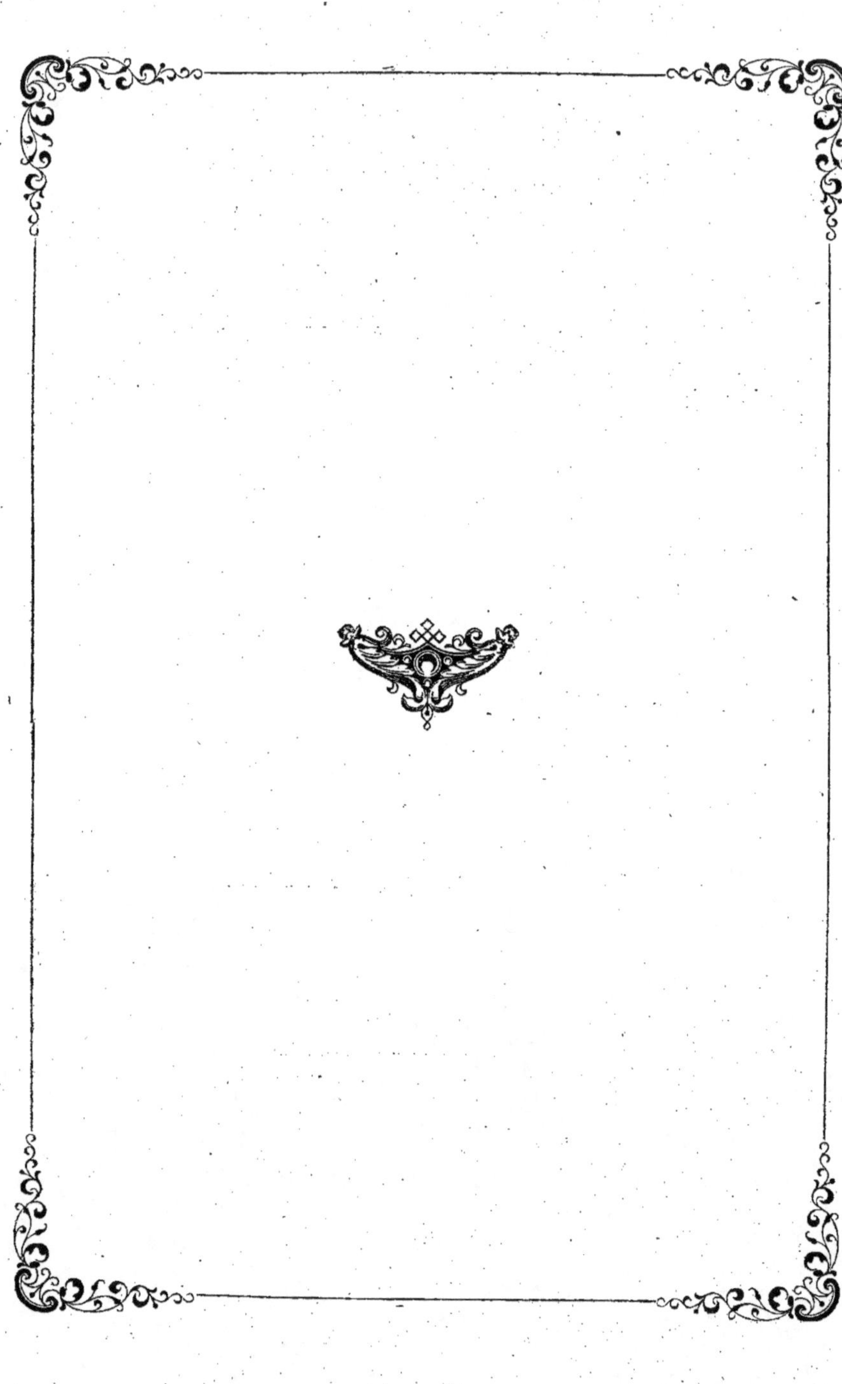